MATERNIDADE ESPECIAL

CIP-BRASIL. CATALOGAÇÃO NA PUBLICAÇÃO
SINDICATO NACIONAL DOS EDITORES DE LIVROS, RJ

C949m   Crispim, Juliana
            Maternidade especial : como venci meu preconceito e aprendi a amar o meu filho / Juliana Crispim. – 1. ed. – Porto Alegre : AGE, 2023.
            63 p. ; 14x21 cm.

            ISBN 978-65-5863-191-0
            ISBN E-BOOK 978-65-5863-192-7

            1. Maternidade. 2. Mães de crianças autistas. 3. Crianças autistas – Relações coma família. I. Título.

                                              CDD: 306.8743
            23-83423   CDU: 316.47-055.26-055.62

Meri Gleice Rodrigues de Souza – Bibliotecária – CRB-7/6439

Juliana Crispim

MATERNIDADE ESPECIAL

Como venci meu preconceito e aprendi a amar o meu filho

PORTO ALEGRE, 2023

© Juliana Crispim, 2023

Capa:
Nathalia Real

Diagramação:
Júlia Seixas

Aquarelas:
João Emanoel Crispim Ancelmo (7 anos)

Revisão:
Luciane Lewis Xerxenevsky
Daniella Alves da Silva

Supervisão editorial:
Paulo Flávio Ledur

Editoração eletrônica:
Ledur Serviços Editoriais Ltda.

Reservados todos os direitos de publicação à
LEDUR SERVIÇOS EDITORIAIS LTDA.
editoraage@editoraage.com.br
Rua Valparaíso, 285 – Bairro Jardim Botânico
90690-300 – Porto Alegre, RS, Brasil
Fone: (51) 3223-9385 | Whats: (51) 99151-0311
vendas@editoraage.com.br
www.editoraage.com.br

Impresso no Brasil / Printed in Brazil

Prefácio

*D*eixo registrado o quanto me senti honrada, como convidada, a escrever o prefácio de um livro tão fiel, impactante e verdadeiro, que trata do percurso de uma mãe na aceitação do diagnóstico de seu filho.

O livro *Maternidade Especial – Como venci meu preconceito e aprendi a amar o meu filho*, da Juliana Crispim, é uma obra através da qual consegui acompanhar a trajetória dessa mãe: da paralisação do diagnóstico inicial, até a desconstrução do projeto, do ideal e da ilusão do "filho perfeito".

No percurso da leitura, me encantei com o relato corajoso de uma dor não escondida, mas vivida e retratada em primeira pessoa, com a narrativa da mãe "em descoberta", que encontra, na própria relação com o seu filho, uma possibilidade de converter toda a desesperança inicial em esperança final e contínua, e que vá para muito além dos diagnósticos e ideais.

Uma "mãe suficientemente boa", diria o pediatra e psicanalista inglês Donald W. Winnicott, é uma mãe que também se constitui não apenas do esforço em atender às necessidades de um indivíduo em sua construção como sujeito, mas de todo o processo que isso envolve.

Uma "mãe suficientemente boa" é aquela que – ao contrário do que faz crer a sociedade – continuamente falha e, continuamente, corrige as suas falhas. E é justamente a somatória das falhas, seguida pelos cuidados que as corrigem, que acaba por compor o que se entende pela COMUNICAÇÃO DO AMOR, uma troca de entendimentos em que se percebe que há ali um ser humano que se preocupa.

Assim, convido a todos a que se permitam serem fascinados, como eu mesma fui, por este retalho de história, de vivências entre uma mãe e o seu filho. A aguardar pelas próximas (e belíssimas) conquistas e histórias que ainda hão de vir.

Finalizo minha grata participação neste projeto destacando que quando acreditamos no ser humano e em suas singularidades, as diferenças são só parte daquilo que nos constitui, e que nos tornam únicos e especiais.

Leila Lima

Agradecimentos

Ao Grande Espírito, sopro divino do qual emanamos e vivemos. *In memoriam* de minha mãe Joannett Crispim, ventre sagrado que me trouxe a este mundo. Ao meu Solzinho João Emanoel.

Com carinho a Simone Benevides, nenhum encontro nesta vida se dá por acaso: João e eu te amamos.

Sumário

Palavras da autora 11

Introdução 17

Capítulo 1: Diagnóstico 21

Capítulo 2: As fases do luto pós-diagnóstico 27

   2.1 Primeira fase: negação 30

   2.2 Segunda fase: raiva 35

   2.3 Terceira fase: negociação 38

   2.4 Quarta fase: depressão 43

   2.5 Quinta fase: aceitação 45

Capítulo 3: O que faço quando aceito? 49

Capítulo 4: Reconstruindo a mãe especial 53

Capítulo 5: A solidão da maternidade especial 59

Sobre a AAME Associação de Amparo às Mães Especiais 63

Palavras da autora

Costumo entender a vida como um constante renascimento. Para além da visão poética, em minha vivência pude perceber que muitas situações que poetizei não foram vivenciadas com o mesmo encanto quando concretizadas. Aqui me proponho a contar uma parte dessa minha história, com o intuito de ajudar a mim e, quem sabe, a alguém que se identifique desde a decisão pela maternidade, no meu caso solo, até o diagnóstico do autismo ou qualquer outra condição de pessoa com deficiência.

Sou a mãe do João Emanoel, um menino lindo que hoje tem 7 anos, inteligente, autista e muito feliz.

Recentemente minha estimada mãe mudou de plano; havia sofrido uma embolia pulmonar, e quase parti um pouco antes dela. Quando saí do hospital ela já estava bem doente; eu também estava. Sentia-me em pedaços. Voltar a ver João estando viva foi o meu alento. Hospitalizada, fiquei sabendo que o pequeno serzinho durante todo o período da minha internação, diariamente, ia até meu quarto me procurar. A babá explicou para ele onde eu estava; teve febre, ficou triste. Posso falar que senti na pele o temor de toda mãe especial quando pensa na morte: a insegurança, a solidão...

A maternidade especial é um caminho solitário e confuso, repleto de julgamentos e opiniões. Ao vivenciar toda essa experiência, em pleno hospital, entendi que João me trouxe de volta, por ele consegui sair daquela unidade de terapia intensiva. Saí quebrada; não queria morrer, sabendo que ele ficaria aqui. Como? Com quem? Consegui mais uma vez ser um milagre, pois a própria vida já o é. Nasci novamente, porém eu não sabia como juntar meus pedaços, estava quebrada. Provavelmente ainda não esteja inteira, sinto que não estou. Mas, escrever tudo que vivenciei sinto estar me ajudando no processo de cura, na busca do equilíbrio e propósito da vida, se é que existir em si mesmo não permita carregar todas as respostas.

Sempre acreditei que tinha plena confiança no Grande Espírito, mas a morte iminente me trouxe muito medo. Nunca entendi todo aquele temor, porque sempre confiei e pensei estar preparada para tudo. No entanto, depois de perceber que não era imbatível, iniciei a busca da minha própria identidade: Quem era a mãe? A mulher? A filha? E a executiva? Eu não sabia.

Já em casa, em poucos meses minha mãe partiu; ela já estava bem doente. E eu, que sempre me considerei inabalável, estava diante de tantas vivências, depois da UTI, de quase deixar João, de nem saber mais onde era meu lugar, percebi minha fragilidade e passei a encarar tudo isso como um presente. Percebi quão equivocada estava acerca do que realmente sou... somos... O quanto a vida pode ser curta e que à beira da morte você não consegue pensar em muita coisa. Idealizei que ia lembrar de fazer algo significativo, mas paralisei e ainda paraliso diante das respostas que não encontro, assim como de sentimentos que afloram diante das incertezas da vida. Então, em meio a essa solidão de mãe especial, preciso amar meu filho hoje, pois o amanhã é incerto demais.

Com a morte da minha mãe, busquei entender um pouco mais acerca das fases do luto; pela primeira vez estava perdendo alguém tão próximo, e este alguém era minha mãe. Dias depois de eu quase fazer a passagem para outro plano, ela se foi... A morte estava bem ali, e ela é implacável! Nenhuma teoria ou conceito se fez valer diante dela, diante da separação, da dor sem medida. Mesmo sabendo que a vida continua, eu era exatamente humana: sofri, chorei e sinto falta da presença dela neste plano, repito; mesmo sabendo que a vida sempre continua, parece um paradoxo constante.

Precisei muito de ajuda para tentar entender tudo, e confesso que estou longe de encarar tudo o que há aqui dentro de mim. São muitos anos em que achei que fosse inquebrantável, sempre construindo personagens e os vivenciando, mas nenhum deles era eu de fato.

Perder mamãe me mostrou que teorias são só teorias, e a pessoa que eu menos conhecia era a mim mesma. Percebi que muitas vezes nos preocupamos demais com o que está fora e esquecemos que o que realmente nos guia está do lado de dentro. Eu poderia ter escutado mais minha mãe, mas estava ocupada; sempre estamos, porque nunca pensamos na morte de fato e como um fato.

Foi lendo *Sobre a Morte e o Morrer* Kübler-Ross, Elisabeth e nas minhas sessões de psicanálise que percebi que o que estava vivenciando no luto da minha mãe eram sentimentos já vivenciados em intensidade e contextos diferentes. No livro referenciado, a psiquiatra coloca as fases não somente na perspectiva do luto, mas na perspectiva da aceitação da morte diante de um diagnóstico de estágio terminal recebido pelo próprio paciente.

Com esse entendimento e no auge da minha vivência, me disponho a contar minha história e do João, talvez para mim mesma, para achar a cura do que ainda está quebrado dentro de mim, talvez para alguém que um dia possa ler e encontre alento nas palavras que me saltam do coração. Neste momento não poderei embelezar a história, porque não seria minha história, mas confio num desfecho feliz, para mim e para João.

Romantizamos tanto a maternidade perfeita, somos ensinadas desde cedo e preparadas de fato para assumir e viver uma utopia, a família perfeita, acreditamos no conto de fadas e crescemos no autoengano, ignorando a realidade, contamos mentiras em que nós mesmos acreditamos e as ouvimos nos diversos segmentos da sociedade. Educar para a vida real, mostrar o caminho, é uma tarefa difícil. O ser humano é integral; o espiritual nunca esteve tão presente, mas crescemos no materialismo, no que é perecível, ao menos foi assim para mim. Quando falamos da maternidade especial, atípica, deparamo-nos com a principal frase: Deus escolhe mães especiais para filhos especiais, você foi agraciada.

Amo meu filho e sei que seria quase impossível encontrar uma mãe que não nutra do mesmo sentimento pelo seu filho, seja ele típico ou atípico. Durante muito tempo, para manter essa imagem de mãe perfeita, acreditei que não podia falar o que realmente sentia em relação ao diagnóstico do Transtorno do Espectro Autista do João.

ACEITAÇÃO é a palavra, mas aquela que precisa vir de si para si, que acontece quando você consegue reconhecer seu próprio sofrimento e apesar dele seguir em frente. Destaco que nesta altura do texto não sei onde está o pedaço que falta de mim; às vezes penso que ficou na UTI ou que pode ter ido com minha mãe, mas estou aqui com João, e esta é a história do nosso diagnóstico, dentro da perspectiva da Kübler-Ross.

Introdução

Eu sempre quis ser mãe, a despeito de tudo que tinha, uma vida estável na época; com meus 35 anos não tinha um relacionamento afetivo que me fizesse enxergar a possibilidade de construir uma família. Sofria à época de uma doença crônica que comprometia minha fertilidade, o que me deixava muito preocupada e com a pergunta que me inquietava: o que faço eu aqui? Para mim (experiência minha) a vida não tinha muito sentido; eu queria ser mãe e decidi seguir com minha escolha.

Optei por uma FIV (fertilização *in vitro*) e em uma semana após a decisão já estava fazendo o tratamento, sozinha, em silêncio; tinha certeza que ele viria, meu tão esperado sonho, que realizaria o ápice da minha existência com a maternidade.

Em 17 de junho de 2015 ele chegou. Era tão pequeno que até parecia caber na minha mão. Eu estava sozinha no hospital; aprendi a estar só e lutar pelo que acreditava, não queria críticas. Para muitos a maternidade solo ainda era um tabu; eu queria não precisar de ajuda, sentia-me autossuficiente e escolher ir sozinha era uma forma de provar isso. Ressalto que muitos momentos de solidão vividos foram escolha minha; eu queria mostrar ao mundo que podia sozinha.

Tive que aprender a ser mãe sozinha: ninguém ensina como é difícil cólica infantil, amamentar, não dormir; a maternidade por si só é um desafio, e assim foi para mim, mas o João estava ali, cada dia mais lindo. Um sonho, não tinha nada que pudesse me encantar mais que estar com ele, e como sempre fazemos, ou pelo menos fiz, projetei meus sonhos frustrados no João. Dia a dia ele crescia, e eu construía mais projetos para ele ser o que eu não fui, chegar onde não cheguei, vivenciar o que não pude.

Durante dois anos o João teve um desenvolvimento dentro do esperado, nenhum sinal nas consultas, mas uma coisa sempre me incomodava: a fala não vinha, ou não vinha de forma funcional, não escutava mamãe, água, quero; o João não apontava, mas ele fazia tantas outras coisas! Era lindo, além de superativo. Existia contato visual, então a pediatra nada notou. Certa vez comentei sobre autismo, lembro de ela ter dito: "Se seu coração diz isso, investigue; coração de mãe deve ser sempre escutado". Ela estava certa: não sei como, mas eu sempre soube, porém era duro demais para eu aceitar, era mais fácil mentir pra mim mesma, tentar enxergar uma realidade que estava bem diante dos meus olhos, do meu sentir.

Como morávamos à época em um condomínio isolado no interior do Estado, João não tinha outras crianças para brincar. Eu trabalhava o dia inteiro e ele ficava com a babá. Eu tinha duas pessoas cuidando dele, porque eu mesma não podia fazê-lo, precisava trabalhar muito para manter a estrutura que eu mesma havia optado ter. Entendi que meu filho precisava socializar e que só faltava isso para que a fala brotasse; eu o queria "normal"; meu filho era saudável; na época a palavra *normal* tinha outro significado para mim.

Organizei-me e mudamos para a capital. Coloquei-o em um berçário de um bairro conceituado e lá idealizei, mais uma vez, que ele teria contato com outras crianças e logo a fala viria; queria o melhor para ele. Pensava no meu pequeno gênio, em breve, em alguma escola conceituada e cobiçada (já fui morar perto preparando-me para ele começar aos 4 anos) e estudando em universidades importantes. No futuro ele chegaria onde eu não cheguei, viajando pelo mundo e independente; era meu modelo de sucesso, de felicidade e de vencer na vida, e eu queria tudo isso para João. Na verdade, já o imaginava assim; só não sabia que a alma do João tinha suas próprias escolhas...

Eu me dava o direito de traçar a vida dele para realizar meus sonhos; não sei se eram meus ou se era o que eu achava que a sociedade esperava; por vezes, ou quase sempre, estamos vivendo um vazio e uma vida muito ocupada, porque achamos que o pote de ouro está no final do arco-íris. A felicidade é tão simples que a ignoramos; ela sempre vai estar aqui e agora. Espero que olhe para sua criança agora e consiga ser grata de alguma forma; não posso nem pensar na sua dificuldade, mas olha nestes olhinhos e você vai achar um motivo para gratidão.

Enfim, eu estava desconectada de mim mesma e do João. Quão vazia pode ser uma vida cheia de expectativas, porque não pode caber mais nada num recipiente cheio! O meu copo transbordava de tudo que era ilusório; eu não enxergava o meu filho por estar preenchida de certezas que me impediam de ver a realidade, de desfrutar o amor maior de todos, entre mãe e filho.

Com dois anos e meio, João não falava funcionalmente; a escola sempre me dizia ser normal, mas me incomodava nos vídeos João isolado da turma, no canto da sala; era como se não estivesse lá. Então veio a orientação de levá-lo para fonoaudióloga, com o intuito de avaliar se havia como trabalhar melhor a fala. Meu menino cantava diversas músicas, repetia todas as falas dos personagens, mas não falava comigo, estava tão claro. Hoje sei que eu não tinha habilidade de ouvi-lo, mas ele estava ali o tempo todo, todo falante do jeito dele, expressando-se, demonstrando-me que ele era diferente, porém capaz.

Capítulo 1
DIAGNÓSTICO

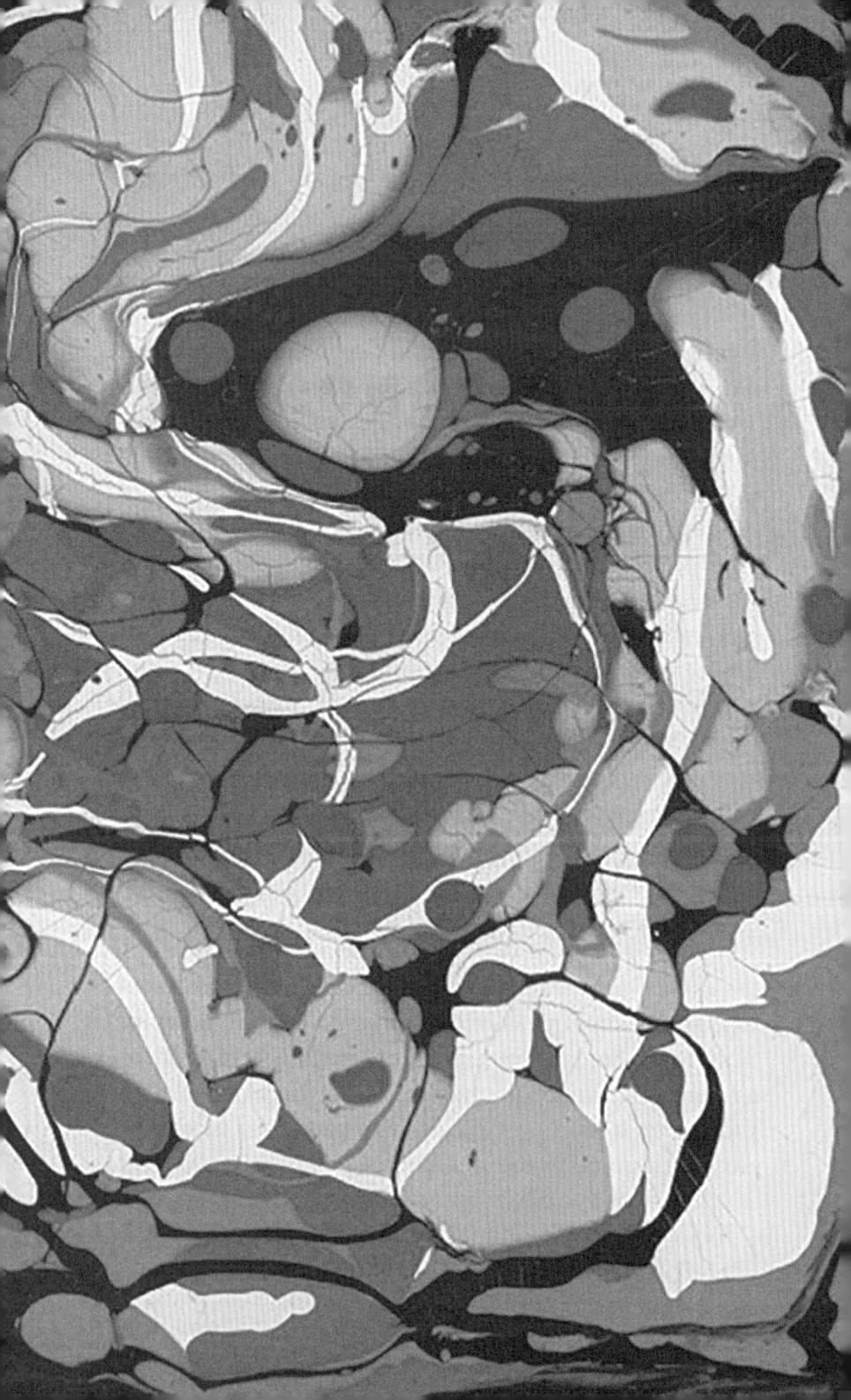

Fui orientada pela fonoaudióloga a procurar uma neuropediatra, porque para ela parecia que João precisava de uma avaliação mais detalhada para fechar o diagnóstico, mas meu coração já sabia. Tal qual como vemos um barquinho seguindo, desaparecendo no horizonte, eu via que aquele filho que idealizei existia apenas na minha mente; ele estava morrendo, partindo. Peço perdão pelo que falo; a verdade que tanto escondi por muito tempo, mas me senti assim; a realidade nem sempre é bela, muitas vezes é extremamente dolorosa. Deixar suas ilusões morrerem não é tão fácil; há muito apego nas nossas fantasias e projeções.

No dia da consulta, em apenas 10 minutos a neurologista me deu o diagnóstico, com vários formulários com indicação de terapias e afastamento do trabalho, pois João precisava de cuidados urgentes. Lembro que perguntei:

– Ele vai melhorar?

Ela respondeu:

– Não sei. Alguns sim, outros não...

Isso foi uma lança na minha alma. Gostaria de ter escutado que sim, que com o tratamento certo tudo ficaria bem, mas não. Saí sem esperança. Tanta coisa bagunçou ali dentro de mim, que não sei como desci naquele elevador com o João no colo. Eu não conseguia olhar para ele. Confesso que não era a minha criança, não podia ser.

Poderia falar que agradeci a Deus e que percebi ter sido agraciada com um ser especial, por ter um filho com diagnóstico de TEA, mas estaria mentindo; não havia chão, não queria olhar para o João.

Aquele ser tão fofo e careca, tão carinhoso comigo, agora parecia quebrado; não era o filho que tinha no meu pensamento, não era o João que eu acreditava ter nascido de mim. Era para ser de outro jeito; eu me projetava em um João que começou a desaparecer naquele dia, então sentia-me morrer também.

Cheguei em casa e fui morrendo por dentro. Comparo com aquele fungo que vai tomando a planta e acabando com ela de forma muito rápida. Era tarde, mas liguei para o berçário e pedi para a diretora que aceitasse recebê-lo fora do horário, porque eu não queria estar com ele em casa. Perdida em mim, não conseguia olhar para meu coração, porque ele estava fora do corpo, mas era diferente. Pedi que a babá o levasse. Deitei e chorei copiosamente, como nunca; não havia como voltar no tempo, os sentimentos foram terríveis e eu estava sozinha, por minha própria escolha.

Eu era a mulher invencível (assim pensava) que tinha tido um filho que também o seria. Impossível descrever a profusão de sentimentos, mas estou me esforçando para que você, pai, mãe, família, permita-se sentir sem julgamentos, porque todas as minhas fragilidades emergiram, mas não estava disposta a aceitar; repetia para mim mesma que a neurologista estava errada. Eu não era nada especial ou tão forte como acreditava ser para ter um filho diferente.

Aos meus olhos, o menino de sucesso, de uma importante universidade se estava ausentando, sucumbindo com aquele diagnóstico. Compreendi que ele só existia na minha ideação, o que de imediato me fez começar a sentir uma inquietação tamanha, que culminou na procura de todas as provas de que João não era autista. Fiz vídeos dele cantando, fotos dele desenhando e fui rumo a uma nova neuropediatra... e várias, e várias outras, em outros estados; eu queria escutar que ele não era autista. Escrevo exatamente o que sentia; não entendia o autismo e não me encaixava na frase de que mães abençoadas recebem anjos; não sentia que era uma bênção. Morri aos poucos junto a um filho que só existia na minha mente.

Hoje sei que o João pode voar e ir muito além, embora o mais importante é o tanto de felicidade que temos no hoje; ainda procuro meus fragmentos, porque não poderia falar diferente, enquanto conto a minha história, mesmo sabendo exatamente onde está meu coração: nele! Enquanto escrevo, ainda me faltam pedaços e enquanto caminho ao lado dele, espero reconstruir cada parte indispensável neste processo de aprendizagem.

Então comecei a minha jornada nas fases do luto descritas e tão bem catalogadas pela psiquiatra Elisabeth Kübler-Ross. Eu diria que ler este livro *Sobre a Morte e o Morrer* foi libertador para mim. Pude compreender e aceitar minha dor e seguir... Convido você a vir nesta jornada olhando para dentro de si, sem críticas ou julgamentos, aceitando-se e acolhendo cada necessidade que passar a sentir... Evolui, indo a cada novo passo.

Capítulo 2

AS FASES DO LUTO PÓS-DIAGNÓSTICO

A perspectiva da morte do João idealizado disparou em mim uma tempestade de sentimentos, que volto a vivenciar hoje com outra intensidade, com a partida da minha mãe.

Eu tinha um filho irreal e pretendo discorrer sobre a trajetória traçada até hoje considerando que morremos e renascemos tantas vezes, caímos e levantamos, e nesta trajetória precisei buscar aprofundar-me, ir para dentro de mim em busca de compreender a mim mesma. Saliento que ainda estou neste processo enquanto escrevo, sinto que morro e por vezes renasço, mas estou aqui, o João está aqui e é a criança mais feliz que eu conheço. Isso deveria me bastar, porque é o que realmente importa.

Hoje consigo discorrer sobre tudo isso com o mínimo de lágrimas, entender com sabedoria todo o processo vivenciado e valorizar cada etapa e passo dado. Falo com todo o carinho e conhecimento de quem está nesta trilha, o diagnóstico seja ele qual for; não é uma sentença. Eu, você, seu parente, seu filho, somos maiores que qualquer diagnóstico, e se for preciso morrer, não literalmente, o renascimento existe. Como a fênix brota das cinzas, não há nada mais forte que a energia do amor para nos fazer enxergar que por mais dor que se sinta, esta dor não sou eu, não é você; apenas não permaneça no lugar da dor, mas permita-se senti-la. Esse ensinamento eu trouxe para a vida.

Volto-me então para o dia em que estive no consultório com meu pequeno e tento colocar em palavras o que talvez seja impossível escrever.

2.1 Primeira fase: negação

Cheguei em casa com o laudo de autismo de João, postei no grupo da família, caí na cama e enquanto chorava vastamente, ele já tinha sido levado para o berçário (como mencionei, eu não conseguia olhar nos olhos dele). A tia dele falou no grupo:
– Não fique triste, vamos lutar...
Fiquei chateada. Eu não reconhecia que estava triste; porque ficaria triste se eu não aceitava o diagnóstico? O João canta, ele quase fala, ele não enfileira objetos, ele não tem cara de autista, ele não dorme..., mas é normal muitas crianças não dormirem; ele brinca diferente com os brinquedos e adora letras, mas é porque é um gênio, não autista. A médica errou; senti raiva da neurologista, muita raiva; o João falava até russo, porque vivia vendo vídeos russos, repetia uma história toda que eu contava para ele desenhando; ele não podia ser autista, eu não aceitava.

Escondi o diagnóstico o máximo que pude; sentia vergonha, mas ele estava ali me abraçando e precisando de mim; era meu bebê real, o João real que eu me recusava a enxergar. O que tinha morrido era o João irreal, uma ideação na qual eu projetara a minha perspectiva de ser bem-sucedida, aquela imagem que criei para ser o que eu desejei ser e não fui. Desconheço por quanto tempo resisti, mas eu me negava a acreditar e a sentir aquela dor ou aceitar que a sentia, porque não somos tão habituados a compreender nosso sentir. Guardei no fundo da lama, do meu porão, e me armei para a luta.

Decidi procurar uma segunda, terceira, quarta opinião. Eu segui indo nos melhores e mais bem conceituados neurologistas para que algum me dissesse que ele não estava no espectro autista. Não posso falar que tive sucesso; estava tão claro olhando as fotos antigas, os vídeos; os traços e sinais estavam lá, eram bem pequenos, mas já existiam. Agora com dois anos e meio estavam mais evidentes, mas eu não podia aceitar; precisava de uma CURA para o que não é doença. Eu queria consertar meu menino, tirar o autismo dele, tirá-lo do espectro; não aceitava que há coisas que só devem ser compreendidas, e não mudadas.

Eu tentava evitar a dor, uma dor solitária, aquela que não se menciona porque ser mãe especial deve ser um presente de Deus... Eu não sentia isso, não naquele momento, mas não podia falar; fazia terapia espiritual, que muito me ajudou, com a Adriana e o Roberto Baraçal. Procurava respostas e cura, porque alguém errara na configuração e eu queria meu filho de volta; para mim o diagnóstico havia me roubado isso, meu filho, meu sonho, meu futuro; não conseguia amar o autismo, mas precisava amar João, e o autismo fazia parte dele.

Do pondo de vista de todas as análises feitas pela Doutora Kübler-Ross, em seu livro, ao receber um diagnóstico que em si traz a ideia de morte, há pacientes que mesmo escutando-o não o ouvem, simplesmente não estão prontos para essa informação. Inconscientemente a ideia de morte de si mesmo é inexistente, para nosso inconsciente ela não existe. Considero que para uma mãe que recebe o diagnóstico, a negação é o estágio mais doloroso e difícil, seus sonhos e idealizações; o tempo todo vemos ao nosso redor crianças atípicas e, embora nunca falemos sobre, olhamos para nossa criança, quando típica, e dizemos inconscientemente: que bom que não é a minha.

Longe de mim querer maquiar o que sinto. Se escrevo é exatamente para desmistificar a beleza que se quer dar à maternidade de crianças com deficiência, em grande parte solitária. Existe amor, muito amor, mas por trás de tudo isso uma dor que poucas mães têm coragem de colocar para fora. A própria sociedade e religiões dizem que anjos nascem para mães escolhidas por Deus, e quem Deus escolhe deve aceitar todo sofrimento e lições para ter uma recompensa futura. Essa perspectiva é tão danosa que tem levado mães ao suicídio; sentem-se péssimas mães. Acredite, já me senti assim! E como podem, se por Deus foram escolhidas, se dar o direito de sentir o que sentem? Estas mães precisam de ajuda. Gritam por socorro, acolhimento e amparo.

Comecei uma busca desenfreada em toda a literatura PUB MED, *sites* internacionais, casos de crianças que saíram do espectro, eu iria até o fim do mundo tentar trazer de volta o João que idealizei, pois não aceitava essa perda. Simplesmente não conseguia entender que não havia perdido, porque o outro João não era real.

Abro um parêntese para dizer que espero que minha narrativa ajude várias famílias, pais e mães a entenderem: sintam o que sentirem, vocês são pais maravilhosos e irão reencontrar o caminho, porque ele existe. Permitam-se sentir, procurem ajuda, a maternidade especial leva-nos ao isolamento. Ao final do livro, deixo um *site* para quem precisa de apoio e não tem condições de arcar com os custos; trata-se de um projeto sem fins lucrativos; sintam-se amparados.

Retomando, eu tinha agora uma missão: retirar o autismo do João. Comecei levando-o para o Rio de Janeiro; embarcamos com o protocolo DAN (Defeat Autism Now), em português, derrote o autismo já. Estava determinada a mostrar que o diagnóstico estava errado, que meu filho não era autista, estava por algum motivo com diagnóstico errado; afinal de contas, médicos erram! Optei ainda pela homeopatia CEASE – Complete Elimination of Austistic Spectrum Expression, que significa Eliminação Completa dos Sintomas do Espectro. Todos os tratamentos foram maravilhosos, ajudaram o João a ter mais saúde, a se desenvolver dentro do que ele podia, mas não o tiraram do espectro, mas eu não desistia.

Aquele não era meu filho, ou lhe faltavam pedaços ou lhe sobravam; eu tinha vergonha de tudo isso. Quanta incompetência eu senti, porque, se outros pais haviam conseguido, eu poderia também mostrar que o diagnóstico era um equívoco. Mas não era, eu precisava atentar para as lições no caminho, sentir os espinhos, mas também o aroma das rosas. Autoconhecimento é doloroso, e precisava desse caminho para entender João. Como chego no outro, que em essência sou eu mesma, individualizado, como chego nele se não chego em mim? Gratidão ao Espaço Ser Alma, ao NarShan, recebi muita ajuda dos seres espirituais.

João fazia terapias todos os dias e, mesmo trabalhando, queria estar com ele, ficava na recepção. Na época falei com minha gestora, e ela então pontuou que desde que eu desse o resultado esperado pela empresa, poderia trabalhar qualquer quantidade de horas na unidade. Então eu ia pela manhã às terapias, trabalhava na recepção, viajava para o interior onde trabalhava, com deslocamento de 1h e 30min para ir e o mesmo tempo ou mais para voltar. Ao chegar em casa, ficava com João até ele dormir. No geral dormia apenas de madrugada, ou ele dormia cedo e acordava de madrugada, ia brincar com as letras, números e desenhar. Somente quando ele dormia eu abria meu computador e ia trabalhar; eu precisava garantir o resultado para manter as terapias dele, para provar aos neurologistas, ao mundo e a mim mesma que todos estavam errados, João não era autista...

Eu não estava pronta; era muito difícil admitir, porque para mim havia falhado. Optei por trazer ao mundo uma criança, uma reprodução planejada, e agora não sabia como aceitar que esta criança não era um projeto meu. Nunca tive o controle de tudo, mas achava que sim. Como fui arrogante! Embora eu o tivesse gerado, o dono da vida está acima de tudo, e cada ser tem seu papel neste mundo.

Eu era imatura demais para entender e enxergar a beleza de como minha vida estava se transformando.

2.2 Segunda fase: raiva

O tempo foi passando e, mesmo devorando todos os artigos internacionais, pesquisas com validade científica, João continuava ele, o João no espectro autista. Cheguei no estágio da raiva. Sentia raiva de não ter dado a atenção devida antes, de tê-lo deixado ver televisão antes do período recomendado, por ter escolhido ser mãe solo. Procurava culpados no berçário; havia questionado inúmeras vezes aos profissionais envolvidos no meu processo de FIV, e afirmavam que eu não deveria me preocupar. Sentia raiva porque não dormia e culpava Deus por ter sido tão injusto comigo, porque percebi que eu também havia morrido junto com o João que eu idealizara e eu não queria morrer, não naquele momento.

Eu não aceitava os sonhos que se dissipavam como nuvens diante dos meus olhos. Na minha raiva, busquei ajuda espiritual, como citei acima. Fui muito amparada, mas eu queria saber o porquê de ter sido comigo. Queria encontrar explicações, procurei ler, fazer cursos e viajar em busca de respostas, tudo para construir um entendimento sobre um João desconhecido, que sempre esteve ali, mas que eu insistia em não enxergar. Acreditava que ele não era o meu filho, não o que eu tanto sonhei. No fundo eu o rejeitava, e, acredite, é muito doloroso escrever isto aqui.

Hoje me dói o peito de uma forma que não consigo definir, ao pensar por quanto tempo de vida não o amei ou não soube amá-lo, ou apenas amei da forma como conseguia e sabia, porque a dor é um veneno que anestesia o coração e veda os nossos olhos.

Sentia raiva de Deus e cheguei a perguntar por que a mim fora privado viver tantos sonhos. Sentia raiva dos que me diziam: Deus sabe o que faz. Isso quando ouviam acerca do diagnóstico. Sentia raiva dos que diziam que eu era especial, por isso tinha um filho "especial"; ora, todos os filhos são, mas qual mãe almeja vivenciar tantas lutas e preconceitos com seu filho? Perdoe-me a comunidade PCD, mas a expressão *criança especial* era amplamente utilizada, como sabemos, e meu objetivo é contar fidedignamente a minha história.

Senti muita raiva de ter que lidar com o desconhecido, que me fez ir para longe em busca de respostas. No entanto, todas as respostas sempre estiveram aqui, dentro de mim.

Inexistia culpado. Eu não era culpada, nem Deus era, mas senti muito rancor, indignação, frustração. Eu sentia raiva da solidão que enfrentava, porque tentava minimizar a situação, escondia a decepção que tanto me doía, escondia todas as lágrimas que chorava durante todas as noites. Em momentos de crise, desejei morrer, literalmente, junto a ele, porque eu sentia a dor de cada machucado que ele se infligia.

Eu não imaginava o presente que eu tinha recebido, estava com os olhos vendados, mas tudo ao seu tempo, renascer com o verdadeiro João foi a maior libertação que eu tive, mas era cedo para enxergar ou sentir isso. A ira era bem maior, consumia-me dia após dia, não tinha com quem conversar sobre a minha realidade; a maternidade especial é navegar no mar revolto em solidão e sem bússola.

Deparava-me com o que tinha aprendido sobre ser mãe: mãe cuida, supre, aceita, agradece, sofre calada, não reclama, é como se a mãe deixasse o lado mulher, humano e agora fosse só mãe; eu não era essa mãe, não conseguia ser GRATA, eu não era, não estava, mas ninguém sabia.

Sentia raiva e não expressava, estava ocupada procurando culpados, mas amava meu filho, odiava o autismo nele, que o fazia ser diferente, que não o deixava dormir, que não me fazia entender suas dores. Embarquei de cabeça nessa culpa e coloquei muito lixo sob o tapete; externamente continuava a mãe otimista, ostentando um sorriso inabalável; passava a imagem de que o autismo era um detalhe que eu estava resolvendo, como eu resolvia uma negociação mais complexa de trabalho. Ocorre que não era isso, não se negocia com diagnósticos, com o autismo, com a vida, principalmente se for a vida do seu filho.

Quando comecei no caminho da espiritualidade, passei a confiar em algo maior, entendi que não se pode negociar ou barganhar com forças de que pouco entendemos; nossa percepção do divino é tão limitada neste corpo humano! Somos mais que isso. Acredita que com o passar do tempo a raiva foi embora?

Não. Ainda hoje trabalho esse sentimento terapeuticamente, meditando, conhecendo-me através da psicanálise, guardei tanto tempo esse sentir, que não consegui vivenciar os meus estágios do luto, do João no espectro, com sabedoria. Contudo, fiz o melhor que pude, ou eu pagava terapia para ele, ou pagava para mim, algo inegociável, porque as terapias eram prioridades para ele. E que bom que podia pagar, não tudo que ele precisava, mas João teve o melhor que pude dar. Ele continuava cada dia, se assim posso mencionar, mais ele, mais autista, e a diminuição das noites de sono me deixavam muito cansada; ele dormia, eu ia trabalhar e tinha que manter bons resultados, para continuar tendo a possibilidade de ir com ele nas terapias, além da necessidade de diariamente ter que viajar para o interior me cobrava rigorosamente para obter resultados de destaque.

2.3 Terceira fase: negociação

A culpa só crescia, mas comecei a aceitar o inevitável, e me restavam os caminhos para minimizar os danos que tudo isso causou em nós. Comecei a trabalhar o sono, e processos terapêuticos me ajudaram muito; queria negociar com o tempo que me restava, com Deus, fazer promessas; sentia medo da poda neural; o João estava próximo a ela, e foquei totalmente em fazer o maior esforço para que ele tivesse todas as chances possíveis de ser independente, de falar, comunicar-se de maneira natural, sem esforço, sem incômodo.

Eu tinha receio de perder o João de vez, como se ele me pertencesse. Pensei nas diversas abordagens e possibilidades, que de repente ele poderia estar no espectro autista, mas ter altas habilidades; pensava que assim seria melhor aceito.

Ocorre que não se negocia com o destino. Hoje sei que temos uma trajetória a cumprir aqui, mas que não devemos cansar de lutar por nossas crianças. Nesta fase pensei que ele poderia ser um gênio dos que a TV mostra, negociava com minha frustração e não enxergava a realidade. É interessante frisar que, para mim, as fases não foram lineares; eu alternava entre a negociação e a raiva, procurava motivos para dizer que o autismo era minha culpa, não aceitei.

Deu errado porque demorei para agir, trabalhei demais ao invés de estar lá para ele, mas se eu tivesse começado o ABA antes? Se eu tivesse ido para outro médico e trocado a abordagem? Se eu tivesse saído do país procurando a CURA? E se for agora, talvez ele possa se tornar um gênio?

A mãe que nascia naquele momento, mesmo na busca espiritual, sentia-se só, perdida, à margem, não gostava de falar do autismo no trabalho, e era bem estranho que para me consolar meus colegas diziam: não é autista, é Asperger (eu repetia isto para mim mesma, me autoenganando). E será um gênio!

Longe dessa romantização do autismo, sabia exatamente o que vivia, dormia no máximo entre duas e três horas por dia, dirigia três horas para ir e voltar do trabalho. Acreditava que ia conseguir redimir minha culpa, de alguma forma, tirando João do espectro. Até que, em um fechamento de resultado, minha gestora me chamou e me ofereceu uma unidade maior, pois eu conseguira resultados ótimos, e deveria mudar de unidade.

Na realidade, eu não queria sair dali; era mais perto de onde eu morava, eu iria ter um acréscimo salarial na nova unidade e meu resultado era tão bom que não poderia deixar de me promover, mas falei para ela que não queria, que preferia ficar na unidade menor, cuidar do João, que havia pesquisado e ainda tinha que testar vários métodos para ele sair do espectro e deixar de ser autista. Era esse meu discurso... Um mantra incansável que eu repetia para mim mesma.

Leitor, peço empatia, peço que não me critique. Narro justamente o que falei e como pensava: eu queria me redimir da culpa de tirar João de algo que eu julgava ser uma prisão e que de alguma forma eu havia ajudado a tê-lo posto lá. Minha gestora então parou, olhou, com olhar de carinho e afeição, e falou:

– Ju, tenho um sobrinho autista, já adulto, mora nos Estados Unidos. Ele é a coisa mais preciosa que temos. E o que tenho a te dizer é: EU AMO O AUTISMO, porque faz parte do que ele é. Como posso amá-lo sem amar o autismo? Porque só escuto você falar em tirar João do autismo, como amar João sem amar o autismo?

Estarrecida, fiquei sem palavras. Ela começou a me mostrar vídeos do sobrinho, mensagens, seus olhos brilhavam quando falava dele, disse-me que no fundo não somos tão normais; apenas acentuamos muito as diferenças. De perto todos devemos ter vários transtornos.

Ela me mostrou o primeiro raio de luz dentro de uma solidão de tanta escuridão; dentro da minha ignorância eu não era capaz de enxergar, inexistia negociação para curar o que não é doença. Deus me mostrou ali uma luz que mudou a minha vida isso me levou a uma profunda reflexão e a uma mudança de atitude.

Hoje escuto muitas mães através da AAME – Associação de Amparo às Mães Especiais; elas me olham e perguntam: Seu filho melhorou? Meu filho vai falar? Eu me vejo em cada uma delas, sinto a angústia de cada uma e gostaria de ter respostas, mas sempre digo: Ame! Acredite no seu filho; o da TV é fictício; há autistas de altas habilidades, mas o percentual é muito pequeno. No geral, a maioria precisa de muito suporte, mas isso não faz deles menos capazes de chegar ao máximo de seus potenciais.

Saindo da sala desabei em um misto de sentimentos; acabara de receber um ensinamento tão importante da minha gestora e não tinha nada a ver com meu resultado; tinha relação com a vida, com o que estava me causando mais sofrimento no momento. Em 10 minutos eu saí da sala confusa. Estava mais convicta? Óbvio que não! Mas algo mudou ali; naquele exato momento percebi que, embora existam várias crianças que foram consideradas fora do espectro após um período de tratamento, naquele instante percebi que o João era ÚNICO, que cada criança tem sua trajetória e deve ser respeitada, amada, sentida e amparada. A luta para uma CURA é inócua, não há doença. Percebi que eu tinha vivido, a despeito de estudar tanto, na minha ignorância profunda, por todo aquele tempo, procurando antídotos mágicos (um pouco de exagero) e comparando meu filho com outras crianças, ao invés de olhar para ele e enxergar seu potencial e, sobretudo, a sua maior virtude de vida, a alegria que ele espalha com um brilho visível nos olhos, sentida no coração de forma tão vibrante por quem se aproxima dele. O arquétipo do Golfinho ali vive, seus abraços são curativos, seu sorriso encantador.

Não sei ao certo se consegui parar de negociar. Devo ser sincera com você, que é leitor. Não tenho ideia de quantas pessoas lerão estes escritos; escrevo para que possa ajudar alguém, algum dia, alguma mãe, pai, cuidador, família. Peço que vivencie... vivencie seus sentimentos, acolha o que sente e busque acolhimento.

Estou sempre me vendo no outro, como espelho. O que me faz sofrer quando ouço sobre o João? Já busco me perceber, o que preciso curar em mim, porque quando me curo me liberto até do julgamento alheio, dos olhares de pena. Pois já escutei muito: "Ele é tão lindo e nem tem cara de autista". A frase: "Aquela pessoa trabalha na casa do menino doente" hoje não ressoa mais, mas antes sim, causava muito sofrimento e desilusão.

As fases deste luto se misturam, não são lineares: a gente vai e volta, uma hora quebrada, outra hora juntando pedaços, mas se há algo inegável nisso tudo é que o AMOR pulsa, resiste e te reergue, te levanta, e você enxuga as lágrimas, escuta as críticas, que serão muitas. Talvez você não encontre muito apoio na família, nos amigos, mas haverá uma janela de escape, porque este ser não veio a ti por acaso; vocês têm uma jornada de aprendizagem juntos.

Sei que pode ser difícil pensar nisso agora, dependendo do seu grau de dificuldade, se te faltam remédios, alimentos, sim tudo pode parecer muito injusto, mas segue, segue firme ou capenga, não importa como se sente agora, permita-se. Não queira entrar no papel da supermãe, nem colocar toda esta sujeira embaixo do tapete; procure alguém com que possa conversar, grupos de apoio, amigos. Mas, dentro da medida do possível, saia desse isolamento, fale da sua decepção sem sentir-se culpada; a culpa e o desespero são comuns, até mesmo para uma mãe típica.

2.4 Quarta fase: depressão

Entrei na fase da depressão; neste processo, como já falei, nada é linear. Sua vida vira uma gangorra, tudo ao mesmo tempo. Qualquer conquista do João me animava, estava dando certo, ele respondia, mas na próxima sessão escutava: hoje João não quis nada. E eu queria uma criança linear, queria ignorar aspectos que não podem ser ignorados; a vida acontece em ondas, por mais que estudemos, desconhecemos muito sobre o autismo e, sobretudo, cada criança típica ou atípica deve ser vista e reconhecida em sua individualidade, com todas as singularidades que lhe são inerentes.

Reconheci, aceitei (ao menos imaginava que sim) que o autismo estava ali, era real, que eu tinha que lidar com ele. Eu não podia amar meu filho sem amar o AUTISMO, não podia dividir, percepção minha. Já ouvi mães no alto de seu desespero postarem que odeiam o autismo, mas amam o filho; para mim chegou a percepção de que era indivisível, e precisei ressignificar toda minha história com meu filho.

Era indissociável, não podia amá-lo sem amar o autismo existente, era ele; fui tomada de uma tristeza profunda, mas em nenhum momento deixei de amar o João. Aqueles olhinhos, aqueles bracinhos, aquele sorriso todo, aquele amor e aquele brilho; ele era minha vida toda, meu coração fora do corpo. Fugia daquele estereótipo de maternidade que eu tinha; não era o João que criei na minha ideação, era o João verídico, cheio de capacidade, de amor, de luz. Um ser humano que precisava de mim, que minha missão era apaixonar-me em cada fase vivenciada e cuidar, com suas limitações. Mas será que a limitação não era minha?

De novo, querer curar algo que não é doença, esconder meu filho por ter vergonha de ele ser quem é; sentia-me muito solitária, porque falar de uma maternidade perfeita não era possível numa realidade imperfeita. Sei que muitos pais não têm condições, entretanto a terapia é fundamental. Eu não fiz. Na época destinava todos os meus recursos para os cuidados com João, mesmo sentindo-me uma péssima mãe. Não estava pronta pra viver aquela realidade e não sabia como lidar com ela, aceitei a perda e estava totalmente deprimida.

A espiritualidade muito me ajudou; não importa sua fé, crer em uma força maior que nos guia e nos acolhe é muito importante. Dediquei-me a cursos espirituais, fui pra longe em busca de respostas, milagres aconteceram para que eu chegasse lá, mas a maior viagem foi pra dentro de mim, mergulhei nesta procura e foi uma jornada longa, além de muito dolorosa, em nível de ser impossível traduzir em palavras.

Precisava, contudo, sair da tristeza e entender que, mesmo com toda dor, eu tinha escolhas importantes a fazer, que afetariam a vida do meu filho de forma decisiva. Aceitar e entender o autismo sem preconceito, era uma delas; eu não conseguiria ajudá-lo sem segurar na mão dele e olhar nos olhos dele sem o preconceito que estava arraigado no meu peito. Dessa maneira, não me importaria com mais nenhum preconceito externo: o João era perfeito como era, e, o mais importante, ele era feliz!

Haveria maior perfeição do que a alegria pura e genuína de uma criança? A vida brincava com ele e ele com a vida, tudo fácil? Não! Todas as dificuldades de fala, sensoriais, não sabia onde doía, mudando dieta, suplemento, problemas intestinais, não entender esperar na fila, crises quando saía de casa... Pais de autistas entenderão, olhos que te julgam, porque acham seu filho sem educação, mimado e cheio de birras. Não entendem, mas como poderia pensar em aceitação se eu mesma ainda não aceitava.

Estava deprimida sem ninguém para falar, mas eu não queria falar, porque seria reconhecer que a mulher guerreira, de ferro, falhou. No meu pensar, não pude achar a CURA, não havia uma CURA, não havia doença, havia uma situação e muito, muito amor a ser dedicado. Desejei que não estivéssemos vivos, desejei muitas vezes, porque eu era impotente diante de todo esse sentir.

2.5 Quinta fase: aceitação

Esta jornada não foi fácil. Aceitei o autismo, aceitei o João, não consigo mensurar o tempo de cada fase, nem a sequência com exatidão, mas o amor esteve presente em todas elas, acredite. Muita coisa que escrevi não me orgulho de ter feito ou sentido, mas estive em contato com as minhas sombras e as abracei, aceitei a mim mesma e assim pude aceitar meu filho, consegui enxergá-lo como realmente ele é... Perfeito em suas diferenças, porque não precisa ser igual, ninguém é igual.

João já me ensinou tantas coisas! É o ser mais amoroso que conheço, fez-me entender o que realmente é sucesso e, acima de tudo, o que é felicidade. Fragmentos diários, pequenas conquistas, escutar a primeira palavra, vê-lo dormir a noite toda, escutar o primeiro "te amo", vê-lo se encantar com uma flor ou com a caixa do brinquedo do carro que ganhou. No geral ele sempre prefere a caixa, a embalagem...

Aceitando acredito que encontrei o equilíbrio, que às vezes desequilibra, mas é minha história, não que não haja mais dificuldades, nem barreiras, mas agora estou aqui para ele, por inteiro, mesmo que com minhas dores anestesiadas. Vendo o João de verdade, não o João do espelho; o espelho é o reflexo, o de verdade está aqui ao meu lado. Autista, lindo e perfeito, com dons e habilidades que pretendo apoiar enquanto eu existir.

Mas e o João? Após os estágios de luto, posso afirmar que em todo o processo, ele teve várias conquistas, tem se desenvolvido de forma espetacular. Meu pequeno guerreiro que não desiste, que nas terapias desafia-se brincando, um ser abundante de amor e pura luz. Então não desistam das suas crianças, acreditem, porque o maior milagre já é o da vida. Isso aprendi com João. Após todas as dificuldades e anos de sofrimento, consegui sentir gratidão e passar a enxergar a vida a partir desse milagre que é a existência, com suas particularidades.

Talvez você esteja em uma situação bem difícil agora, não só de diagnóstico, mas também de privações, sem saber que caminho tomar. Não posso estar ao seu lado, mas posso lhe dizer que o olhar do meu filho me salvou de mim, da morte, porque ele me faz querer viver. Espero que este ser de luz que está ao seu lado, não importa a roupagem em que ele tenha vindo e se apresente neste plano, possa lhe passar toda força necessária para superar todas essas barreiras. Eu não diria que mães Especiais recebem crianças Especiais, frase ainda muito difundida e incoerente para o tanto de informação e luta que travamos contra o preconceito[1], arvoro-me a ressignificar a frase de acordo com a minha vivência:

Crianças com deficiência transformam mães e as fortalecem para irem além de qualquer obstáculo, tornando-as especiais.

---

[1] Em 1976, a Assembleia Geral das Nações Unidas proclamou que o ano de 1981 seria o ano internacional das pessoas deficientes e o lema escolhido foi "Participação Plena e Igualdade". Naquela momento, era utilizado o termo pessoa "deficiente". Aqui no Brasil a Constituição Brasileira de 1988 alterou a expressão para "pessoa portadora de deficiência".

Na década de 90 estreia uma nova nomenclatura, a fim de encerrar o estigma, dessa vez surge "pessoas com necessidades especiais" e seus derivados como criança especial, aluno especial. No século XXI, fortalece-se a utilização do termo que é utilizado até os dias atuais: "pessoa com deficiência – PCD". A expressão faz parte da **Declaração de Salamanca** de junho de 1994. A lei Brasileira de Inclusão da Pessoa com Deficiência n° 13.146 de 6 de julho de 2015 já utiliza desde então o termo. Os termos "pessoa com necessidade especial/criança especial" caiu em desuso entendendo que o mesmo não coaduna com as deficiências das pessoas e suas diferentes necessidades e habilidades e não leva em conta a individualidade de cada uma delas não refletindo a realidade da deficiência, gerando, inclusive, pré-conceitos inadequados.

A Convenção Internacional das Nações Unidas de 2006 define, com ratificação de 170 países, até o momento, a definição de pessoa com deficiência – PCD:

> "Pessoas com deficiência são aquelas que têm impedimentos de longo prazo de natureza física, mental, intelectual ou sensorial, os quais, em interação com diversas barreiras, podem obstruir sua participação plena e efetiva na sociedade em igualdades de condições com as demais pessoas".

Capítulo 3
O QUE FAÇO QUANDO ACEITO?

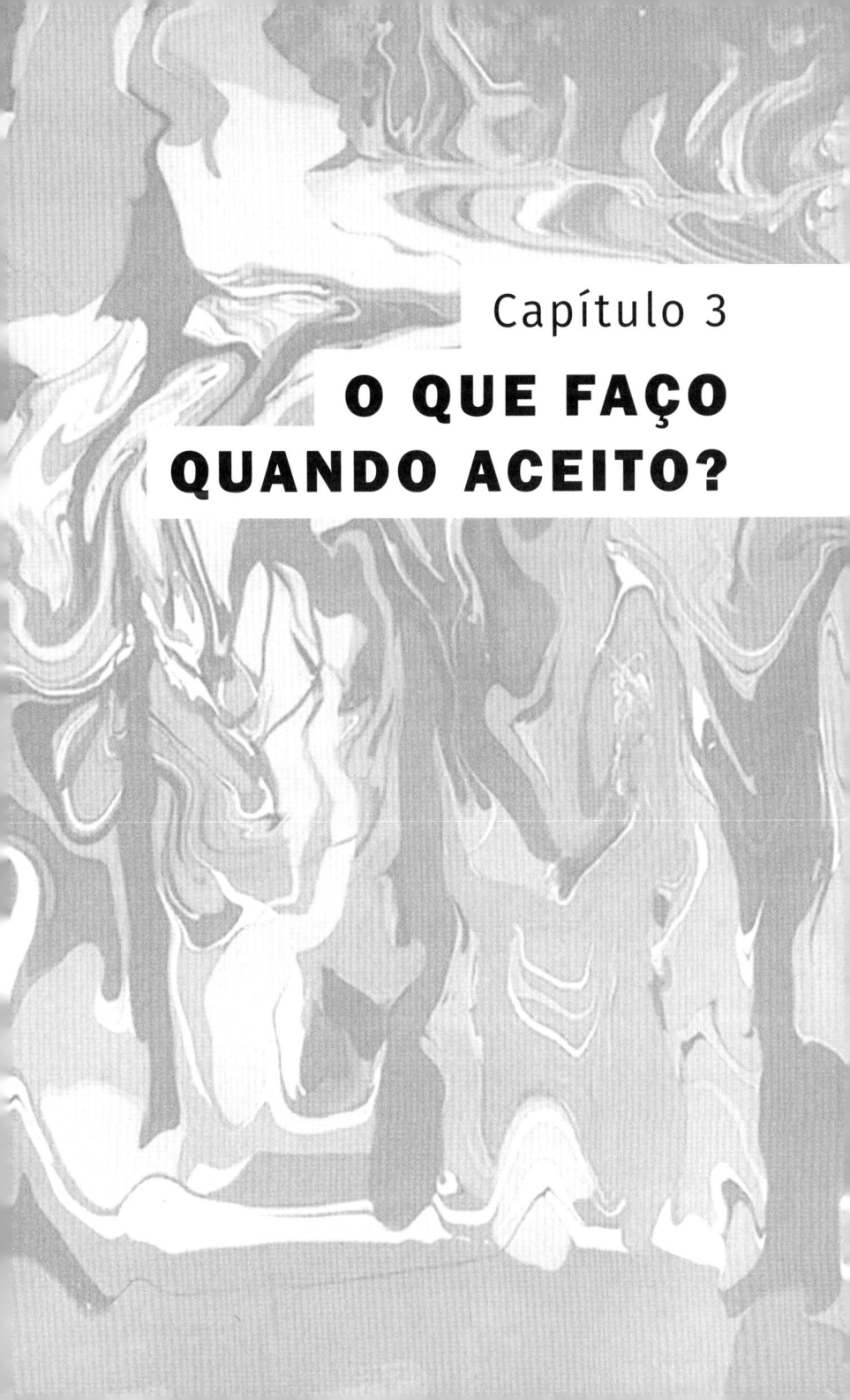

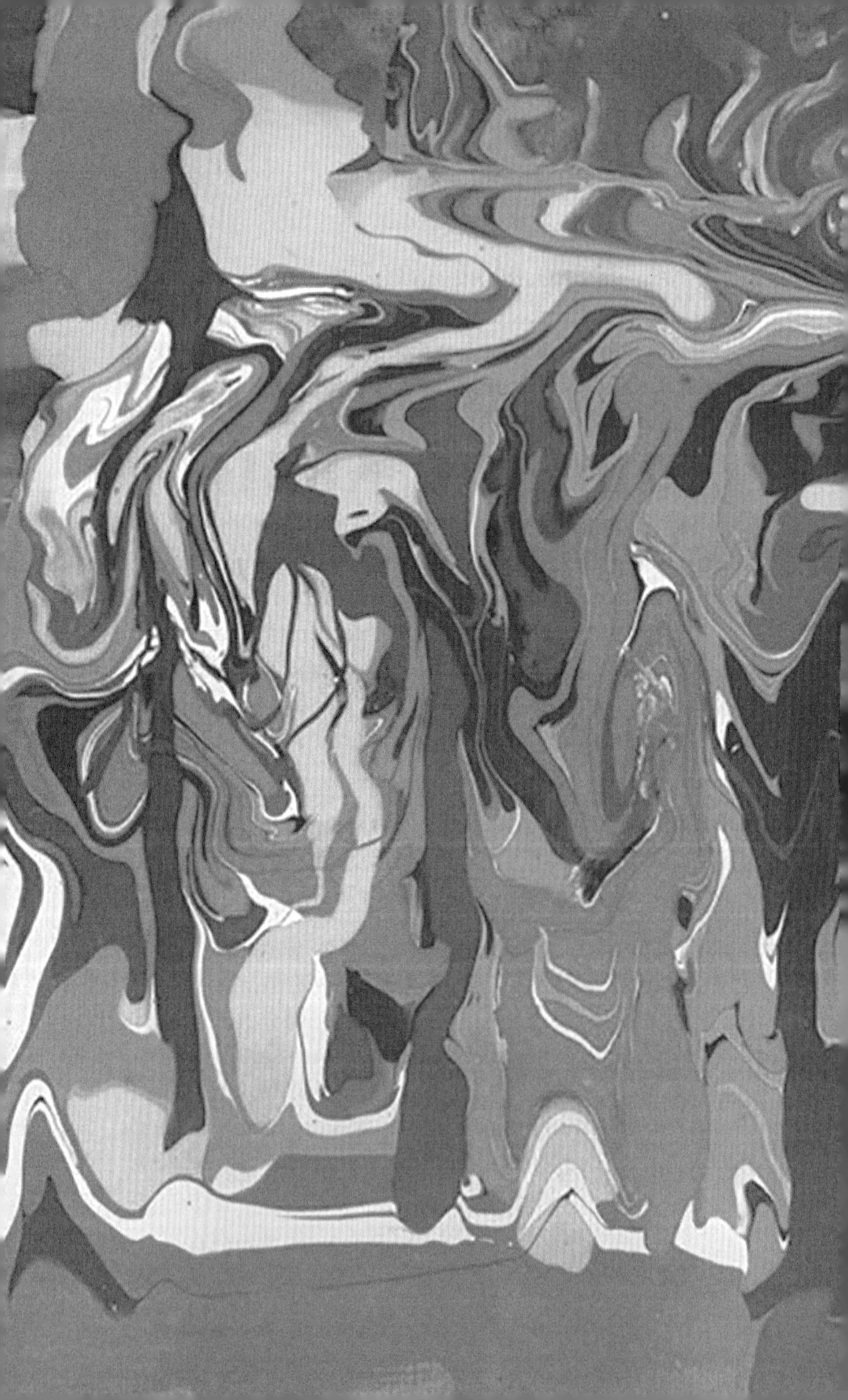

Além de uma reconexão consigo mesma, você se conecta com sua criança e só assim percebe que da lagarta vem uma bela borboleta. Aqui não falo só da criança autista, falo da mãe que percebe um sentido na maternidade que se constrói como mãe, que aceita a si e a seu filho com deficiência.

Não tenho por objetivo discorrer sobre os graus do autismo, mas entendo que há situações bem mais complexas que a do João, existem comorbidades que agravam o espectro, como a apraxia da fala que ele tem associada ao autismo, algumas crianças possuem também retardo mental. Estamos nesta luta agora, porque desistir não é opção, mas tudo está sendo leve com respeito ao que podemos e ao que ele pode fazer, porque o sorriso no rosto do meu filho vale mais que qualquer coisa neste mundo.

Não importa quão diferente seu filho seja; não compare, aceite, ame. Escuto muitas mães me perguntarem se João saiu do espectro, se conseguiu. Eu também fazia essa mesma pergunta, queria achar esperança nesta resposta, mas João é único, seu filho é único, viva seu melhor, faça o melhor e, sobretudo, mesmo que seja redundante, irei repetir: ame! Ame muito, porque de tudo que fiz, das maiores distâncias percorridas, os maiores saltos do João se deram quando eu pude realmente amá-lo sem camuflagem e sem expectativas. Eles, nossas crianças, possuem anteninhas que captam e distribuem o amor que sentem;

então não adianta tentar fingir; mesmo que não pareça, eles estão sempre nos percebendo e nos respondendo todo o tempo.

Não permitas que o diagnóstico não te deixe perceber a criança perfeita que está contigo, dando uma chance de olhar para si mesma. Eu citei "perfeita", porque nós humanos criamos padrões de como as coisas devem ser, mas que seria de nós se não existissem as diferenças? Observe a natureza, a multiplicidade e a beleza nas cores, formas e sons. João me fez olhar para uma árvore, porque minha vida ocupada não me permitia, ele foge caracteristicamente como todo autista, corre disparado e vai sempre para a pitangueira, comecei a enxergar as pitangueiras que existem perto de casa, comecei a ver e sentir vendo através da sensibilidade e do olhar dele.

Capítulo 4

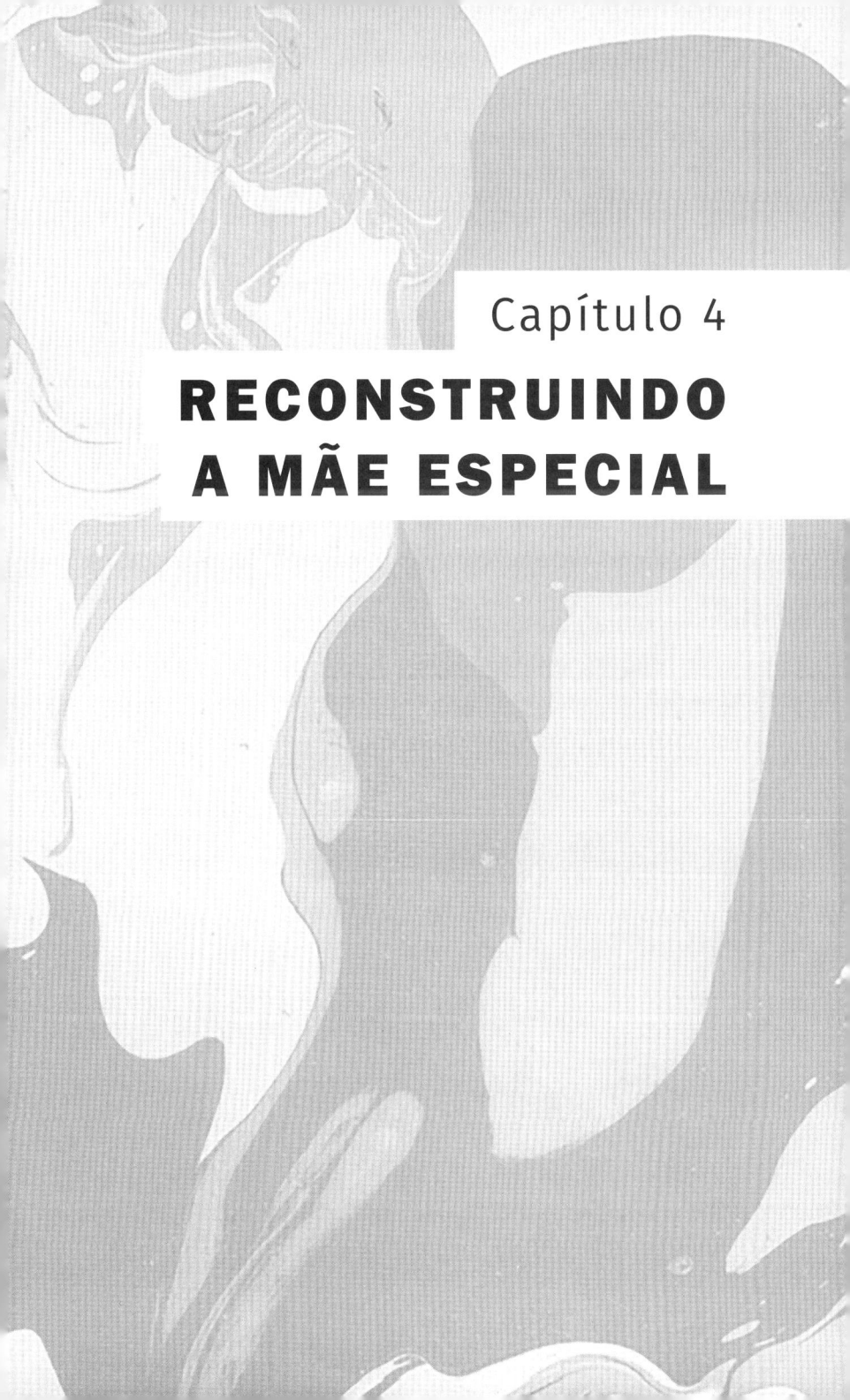

RECONSTRUINDO A MÃE ESPECIAL

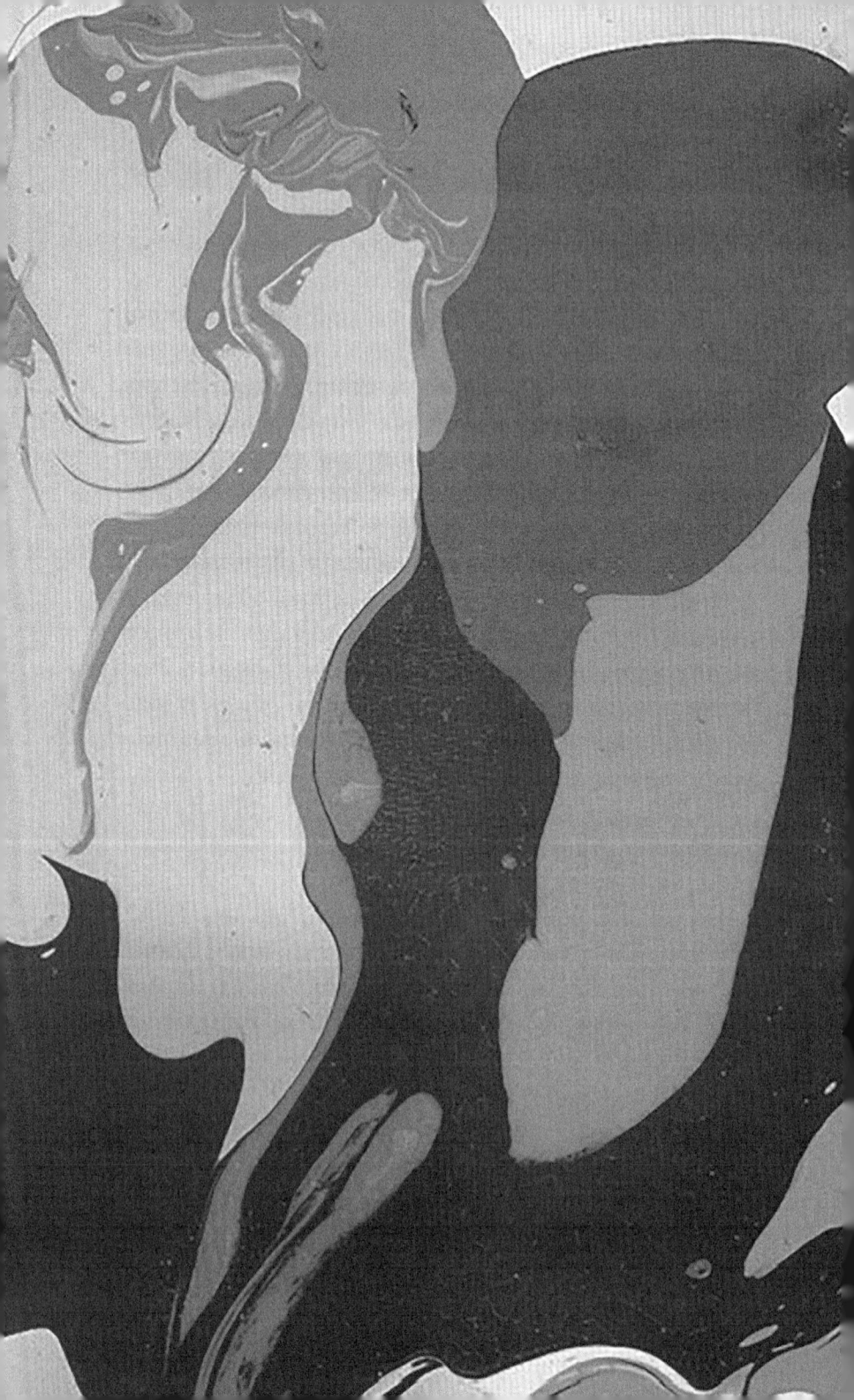

Não poderia esquecer de colocar aqui como vivenciei meu processo de reconstrução após as fases do luto, como surgiu uma nova mãe. Almejo com isso conseguir ajudar alguém a se reconstruir também, embora escreva também para meu processo de cura. Esta é diária; costumo dizer que todo dia é um dia, sim um por vez, porque você terá muitas decisões a tomar, como escolher qual tratamento, qual profissional, o que priorizar; respire, entenda que você é humana acima de tudo. Lembra da supermãe?

A minha imagem de supermãe ficou lá atrás; estaria mentindo se dissesse que não tenho recaídas. Mas meu mantra é um dia após o outro, não só para o João, mas para mim também, muito mais para mim, porque o João vive a felicidade dele no mundo que ele constrói, em meio às dificuldades, às crises e às pseudolimitações.

Nesse processo de escolha, de qual caminho tomar, querida mãe, entenda que toda terapia bem aplicada é válida, todo esforço importante, mas faça aquilo que lhe é possível; não se permita voltar ao estágio da culpa. Trilhei esse caminho na minha gangorra da maternidade. Somos tão limitados! Seria bom se tivéssemos todas as respostas, mas quando nao as temos, fazemos com o coração, analisamos e escolhemos, sendo importante a compreensão que ser mãe de filhos com deficiência implica fazer escolhas que ajudarão no processo de desenvolvimento das nossas crianças; para elas tudo é possível.

Permita-se escolher sem estabelecer metas baseadas em expectativas que comparem seu filho com outras crianças. Faça tudo com amor e veja que a sua flor vai desabrochar do jeito dela, como cada vida que há nesta terra. O jardim não seria tão lindo se todas as flores fossem cor de rosa.

Eu costumo não assistir a filmes de autistas brilhantes, não critico os que os fazem, mas a grande maioria não condiz com a realidade do cinema; isso causa muita frustração e desinformação. Prefiro ver o João todo dia e a cada palavra comemoro uma vitória, desafios ultrapassados, muitos, vencemos todos? Sabemos que não! E isso faz parte da nossa humanidade e pequenez.

Estamos no caminho que escolhemos. Nunca vi algo mais forte que amor de mãe; use essa força e não sucumba; você precisa estar bem, olhar para si, também cuidar-se, e a partir daí seguir em frente, porque por ele (seu filho) vale todo esforço.

Como encontrei um lugar seguro em meio ao turbilhão do diagnóstico?

Longe de querer escrever sobre a espiritualidade, mas impossível ficar distante dela quando falamos de vida; a gente não se dá conta de como tudo está interligado, já dizia Hermes Trimegisto, como é embaixo, é em cima, como é dentro, é fora.

Somos o reflexo daquilo que pensamos; vibramos, criamos e recriamos nossa realidade, seja ela caótica ou de paz. O caminho espiritual foi para mim inevitável e foi a melhor descoberta que tive nesse processo de diagnóstico. Percebi que existia não só materialmente, mas existia como consciência, como espírito, e estava ali com a missão de cuidar de um ser profundamente especial, meu filho.

Não importa sua crença, sua fé, mas ter ou não fé faz toda diferença no processo de caminhar neste mundo, de encarar os dias de crise, os dias em que seu filho pode vir a se bater, te bater ou bater em alguém, por não conseguir expressar o que sente.

A fé, a esperança e o amor nos fazem sentir que estamos aqui com um propósito maior e que, embora sejamos um entre cerca de 8 bilhões de pessoas no mundo, não há ninguém igual a mim e a você. E a você foi dada essa criança por uma inteligência superior à nossa. Reflita e siga, que sua jornada seja de paz, de luz e de cura, cura não do autismo, porque autismo não é doença, mas cura nossa; nós mães estamos adoecidas e precisamos de cura. Siga seu processo e, sobretudo, entenda que não importa o resultado; o caminho é mais importante do que a chegada.

E a resposta se o João chegou lá? Eu sempre respondo que ele é feliz, que encontrei a terapia a que ele se adaptou bem, que tem bons resultados, mas eu entendo a indagação, porque a princípio eu queria saber se alguém tinha dado certo para garantir que o meu João daria. Não há como sabermos; o dar certo é um termo que não se aplica à vida das nossas crianças; simplesmente vivamos, o futuro não nos pertence hoje; hoje temos o presente e ele que devemos desfrutar.

Se cada ser humano é único, o que podemos falar de crianças com autismo? É tão específico e peculiar como qualquer outra vida; se olhar de perto vai encontrar a beleza, sem preconceitos, sem tantos medos. Aqui e além daqui, não desejo romantizar a maternidade, ainda mais a nossa maternidade atípica, porque o que escrevo não é nada romântico; há beleza vivida nesta senda, mas não é fácil trilhá-la nem nossos olhos irão enxergá-la com facilidade. Há muita dor e sofrimento nesta trilha, mas passa, eles vão crescer e muitas alegrias virão.

Sinto que ainda vivo esse processo de ressignificação de toda minha vida; já dizia o sábio: a água que corre hoje no leito do rio não é mais a mesma, que diria eu da minha vida? A maturidade vai nos levar a pensar além; ser mãe foi o maior presente que obtive, mas ser mãe do João foi a maior dádiva divina que eu poderia receber. Sem querer ser redundante, recolho-me à mesma mãe que derramou o coração no primeiro capítulo e afirmo que obtive nesta maternidade toda felicidade e força para continuar minha trajetória e minha missão na terra. Hoje sei, sou muito mais a missão do João do que ele a minha; ele me salvou de mim.

Dessa missão nasceu um belíssimo projeto, a AAME – ASSOCIAÇÃO DE AMPARO ÀS MÃES ESPECIAIS. É uma ONG voltada a cuidar de famílias em situação de vulnerabilidade social não alcançadas pelo poder público.

No momento estamos começando com assistência jurídica, terapêutica e muito acolhimento; se você precisa de ajuda, procura nosso Instagram, @aame.org8; teremos satisfação em acolher. Temos a rede AAME Beija-Flor de voluntariado. Se sentir o chamado, vem conosco!

Capítulo 5

A SOLIDÃO DA MATERNIDADE ESPECIAL

Desejo imensamente que estas palavras possam aliviar seus corações, que não me condenem, que sigam sua caminhada com determinação, perseverança e fé, que saibam que em algum lugar existe alguém que partilha de dor semelhante à sua. Através da palavra *partilhar*, deixo mais uma mensagem, que por mais contraditória que possa parecer, traduz muito do que vivi e tentei descrever aqui para vocês.

Partilhem a solidão, o medo, a dúvida, busquem uma mão, um ouvido, um ombro amigo. Poderia discorrer horas sobre como a solidão da maternidade especial afeta a vida de muitas mães, que mesmo com tantas pessoas a sua volta, sentem-se sozinhas, posso dizer que te sinto. Já estive neste mesmo lugar e, muitas vezes, a ele retorno, porém, com consciência, aceitação e sem autojulgamento quanto a tudo que sinto, respeitando minhas limitações, por não ser supermãe como muitos pensam que eu deveria ser.

Quero ainda falar para as mães que pensam, ou que já pensaram em tirar suas vidas: Não façam! Há esperança. Busquem apoio, orientação, há muitos que querem te ajudar a sair desse lugar de dor, que por várias vezes já visitei. Envergonhar-se em falar de suas mágoas e frustrações não deve ser uma opção. Vocês são humanas.

O que posso dizer é que de mãos dadas somos muito mais fortes.
Sua vida vale muito, principalmente para quem de forma genuína te ama.
Venceremos nosso próprio preconceito; como humanos podemos sempre melhorar.
Que nenhuma mãe precise tirar sua vida por falta de tratamento do filho.
Que nenhuma mãe se negligencie, se cuide e respeite suas limitações.
Que nenhuma mãe precise tirar sua vida por se sentir só, por ter sido abandonada pelo companheiro.

É o que desejo. Convido-os a fortalecer essa rede de apoio. Visite-nos em nosso *site*, em nossas redes sociais, e se precisarem nos contatem. Buscaremos ajudar com tudo que estiver ao nosso alcance, principalmente com informações. Pois todo tipo de conhecimento, diante do medo que nos apavora perante o desconhecido torna-se motivo de acalanto e de poder.

Sobre a AAME
Associação de Amparo às Mães Especiais

Nosso objetivo primordial é cuidar dos que cuidam e ser acolhimento às famílias que de alguma forma não foram alcançadas pelas políticas públicas.

Dentro desse projeto de doação e amor, temos uma rede de voluntariado, a rede AAME Beija-Flor. Acreditamos que mesmo com pequenas gotas de água, se nos unirmos, podemos ajudar a mitigar o incêndio do preconceito e do capacitismo, disseminando amor, acolhimento e esperança.

Este projeto nasceu no meu coração em 2021 e segue seu curso. Convido-os a fazerem parte desta rede, a estarem conosco e dar-nos as mãos. Abaixo segue nosso contato, com endereço físico e das redes sociais. Nascemos pequenos, mas sei e sinto que seremos grandes, porque teremos muitas mãos estendidas. O AMOR sempre será a resposta.

AAME – Associação de Amparo às Mães Especiais
Sede: Avenida Visconde de Jequitinhonha, n.º 279, sala 906, Empresarial Tancredo Neves, Boa Viagem, Recife/PE. CEP: 51020-190
S.O.S AAME: +55 81 99273-0676
E-mails: contato@aamebrasil.org
　　　　　aamevida@gmail.com
Instagram: @aame.org8
Site: aamebrasil.org
YouTube: aamebrasil
Fale com a Presidente: (81) 99469-4012